PÉTITION

A

Messieurs les Membres

DU

PARLEMENT ÉGYPTIEN

(MEDJLIS-EL-CHOURA)

PÉTITION

A MM. LES MEMBRES

DU

PARLEMENT ÉGYPTIEN

(MEDJLIS-EL-CHOURA)

PAR

ANTOINE LUCOVICH

Ancien marchand de riz à Rosette

PARIS

TYPOGRAPHIE DE GAITTET

RUE DU JARDINET, 4

1867

PÉTITION

A

Messieurs les Membres

DU

PARLEMENT ÉGYPTIEN

Messieurs les Députés,

Si jamais représentants d'une nation eurent lieu d'être fiers de leur mission et de leur titre, c'est vous assurément. Intelligence, moralité, érudition, profonde connaissance des droits, des devoirs et des besoins de chacun, loyauté à toute épreuve, patriotisme, indépendance absolue de caractère, voilà votre devise ; et je ne crains pas d'être taxé de flatterie, en affirmant hautement que la nouvelle Assemblée offre à l'Europe étonnée un spectacle grandiose et sans précédent dans l'histoire des peuples, je veux dire la réunion de tous les savoirs, de tous les courages et de toutes les vertus !

Gloire soit donc rendue aujourd'hui et à jamais, à l'auguste Prince, Son Altesse Ismaïl Pacha (Dieu lui fasse de longs et heureux jours !) qui, le premier, a su grouper tant d'illustrations !

Ici, Messieurs, j'aurais voulu tracer, en quelques pages, l'héroïque épopée des trois dernières années, dire les réformes opérées en Égypte, les bienfaits répandus par la paternelle administration de Son Altesse actuellement régnante. . . . . .

mais je sens que cette tâche est au-dessus de mes forces. A ces récits épiques, il faut la langue divine, et je n'ai, humble marchand de riz, que la plus humble prose au service de mes enthousiasmes.

Ce tribut d'éloges justement payé à qui de droit (les poëtes indigènes suppléeront — j'en suis sûr — à mon insuffisance), il me sera permis de vous présenter l'objet de ma requête. Mais auparavant je crois bon de réfuter certaines calomnies trop accréditées en Europe, et qui ne tendraient à rien moins qu'à jeter le discrédit sur vos actes et sur vous-mêmes. Un exemple, entre mille. J'ai lu, de mes yeux lu, d'inqualifiables diatribes que la presse Européenne, au mépris de toutes les lois divines et humaines, au mépris des nobles sentiments d'indépendance nationale, s'est permis de publier au sujet du Parlement Égyptien. Elles disaient, ces gazettes menteuses, que la création d'une Chambre représentative dans un pays d'esclaves n'est qu'une mystification odieuse, incapable de donner le change à personne.

Vous entendez bien, Messieurs, qu'il est impossible à un homme de cœur de laisser sans réponse des allégations de ce genre. Aussi mon intention était-elle de vous adresser la présente pétition par l'intermédiaire du Député de la province de Rosette, une des plus importantes de l'Égypte, et où je suis plus particulièrement connu de tous, y ayant exercé mon industrie pendant plusieurs années. Mais Son Altesse, dans sa haute sagesse, n'a point cru devoir faire représenter ladite province en votre Assemblée. Du reste, en cette occasion, mes opinions ont l'honneur d'être conformes à celles du Pacha. Rosette fut la ville chérie de Saïd-Pacha, ce despote qui n'a jamais eu pour son pays aucune idée de liberté ni d'indépendance. En outre, les utopies patronnées par lui y vont grand train; on y cause, on y discute, — autant dire qu'on n'y respecte rien; et sans vouloir blesser personne, je suis bien forcé d'avouer que le Vice-Roi n'a pas trouvé là un seul homme vraiment libéral et digne de siéger en votre honorable compagnie.

Toutefois il se trouve souvent, comme a dit le sage, un épi de froment au milieu de l'ivraie, et l'œil du Tout-Puissant sait discerner le juste dans la tourbe des coupables ; aussi, tout en approuvant la haute décision qui a frappé de disgrâce la province de Rosette, en raison des mauvaises mœurs et de la servilité de ses habitants, n'ai-je point désespéré de faire entendre ma voix.

Au surplus, mon intention, je le répète, est de faire justice une bonne fois des injures journellement lancées par la presse contre Son Altesse bien-aimée, injures qui, si je puis me permettre cette comparaison tirée de l'antique théogonie égyptienne, glissent sur la cuirasse de son indifférence comme la rosée du ciel sur le saint plumage de l'oie. Mon dévouement bien connu pour la personne du Vice-Roi m'obligerait à dire la vérité, si déjà la voix impérieuse de ma conscience ne m'y poussait invinciblement.

Réduisons donc à néant les **sophismes de nos adversaires**.

D'impudents gazetiers ne se font point scrupule d'imprimer nombre de relations mensongères relatives à vos honorables personnalités. Moi qui connais quelques-uns d'entre vous, et me fais des autres l'opinion la plus avantageuse, j'ai compris tout de suite votre généreux silence à l'endroit de calomniateurs impuissants à donner des preuves, et dont les tribunaux Européens eussent fait exemplaire justice, si vous aviez daigné vous plaindre. Mais votre dédain a été plus grand que leurs injures, vous n'avez pas provoqué d'enquête, vous n'avez point appelé la lumière sur les faits incriminés, satisfaits de votre conscience qui, nourrie des saints préceptes, aime mieux pardonner que voir punir.

S'il faut même tout avouer, un folliculaire dont je veux ignorer le nom, se permettait de dire l'autre jour dans un Cercle politique « que des gens tels que vous ne se rencontrent pas tous les jours, et que le Vice-Roi d'Égypte avait dû chercher longtemps avant de vous découvrir ! » Il disait vrai sans s'en douter, ce mauvais plaisant. Non pas que Son Al-

tesse (Dieu la bénisse!) vous ait indiqués au choix de vos
concitoyens, — vos vertus vous désignaient de reste, — et
l'on sait trop en Europe quelle part de liberté, d'indépendance individuelle a été attribuée aux indigènes depuis trois
ans que dure la paternelle administration d'Ismaïl Pacha,
pour croire que vos commettants aient pu supporter la moindre pression, la moindre influence, alors qu'il s'agissait de
nommer les représentants de la libre Égypte. Mais ce qu'il
faut bien établir — et le discours d'ouverture du Prince le
constate avec une modestie rare — c'est que les règnes pré-
cédents avaient plongé le pays dans la barbarie, gouffre d'où
il serait sorti Dieu sait quand! si la divine Providence n'avait
confié vos destinées à Celui dont les poëtes chanteront un
jour les louanges.

Donc, pénétrés de la grandeur de votre mission, vous laisserez parler les méchants et les jaloux. Ailleurs, on doit
l'avouer, chez les infidèles, par exemple, une position élevée
comme la vôtre, présente souvent des difficultés. Il arrive que
tel député croit s'apercevoir que les intérêts de ceux dont il est
le mandataire ne concordent pas absolument avec les vues du
Gouvernement; et l'on bavarde, on discute, on ne fait rien
qui vaille. Ainsi, tels autres représentants, moins pénétrés
que vous des véritables intérêts du pays et des intentions à
jamais louables de Son Altesse, ne manqueraient pas de flétrir
nombre de doctrines que propagent les infidèles, doctrines
cent fois fois pires que la peste et le choléra ! La peste et le
choléra, voilà deux fléaux que l'Égypte a de tout temps in-
fligés à l'Europe; au moins ne donnera-t-elle pas aux barbares
le spectacle des révolutions. Aussi, Messieurs, loin de vous
inspirer des idées subversives qui germent partout, ne par-
lerez-vous même pas de ces mesures fatales et absolument
contraires au droit divin, telles que la division des propriétés,
l'abolition du servage. et tant d'autres que je ne veux pas
citer.

Je ne veux point supposer, vous entendez, Messieurs, que
le cas échéant — cas impossible — vous n'agiriez pas de

même ; au contraire, il est constant que si des idées condamnables venaient à se faire jour parmi les fonctionnaires qui entourent Son Altesse ; si poussé par le démon de la discussion, quelqu'un se permettait jamais de mettre en doute la légalité du tribut que l'Égypte paie si justement à la Porte, sous le futile prétexte que l'élément Arabe est de force à s'administrer lui-même ; s'il arrivait que le prince (comme on l'a insinué) prêtât l'oreille à ces perversités, sûrement, Messieurs, *vous diriez vertement son fait* au chef de l'État. Heureusement ces conflits toujours regrettables ne sauraient se produire en Égypte ; sous ce ciel privilégié, l'entente la plus cordiale règne entre le prince et ses sujets. Il suffit pour s'en convaincre de traverser le premier village venu, où tous les habitants, du plus pauvre au plus riche, couvrent de leurs bénédictions Son Altesse et Messieurs les fonctionnaires.

N'allez pas croire pourtant que votre tâche, pour moins pénible qu'elle soit, perde de son utilité ou de sa noblesse. Loin de là, elle se traduira en bienfaits plus manifestes. Convaincus d'avance que tout ce qui se décidera en haut lieu sera bien fait, vous ne perdrez pas en discussions stériles un temps précieux et des facultés plus précieuses : vous n'aurez qu'à tout approuver, les yeux fermés.

Les malintentionnés diront qu'à ce compte-là vous auriez aussi bien fait de rester chez vous. A cela nous répondrons tout à l'heure, et victorieusement.

D'ailleurs quelles réformes, quelles modifications, auriez-vous à indiquer, que Son Altesse dans sa sagesse n'ait déjà prévues et réalisées? Rappelez-vous le programme d'avènement qui répond à tous les besoins, à toutes les éventualités même! Depuis ces trois dernières années quel chemin parcouru sur la route de la civilisation! que de progrès accomplis! Faut-il vous parler de la corvée abolie, de la liberté du travail, de l'esclavage disparu, des encouragements donnés à l'industrie et au commerce? Et cela au détriment de la fortune personnelle du Pacha ; car il est hors de doute que Son

Altesse en est réduite aux expédients, puisque tous les six mois Elle cherche à emprunter de tous côtés des sommes énormes qu'Elle emploie jusqu'au dernier centime à enrichir son pays. (1)

Dirai-je les travaux publics, les embellissements, les grandes compagnies prospérant sous ses auspices, la remarquable administration de la justice ? Non, Messieurs, ces éloges m'entraîneraient au delà de mon but, but bien modeste, car je n'ai d'autre envie que d'apporter ma pierre à l'édifice social qui se fonde actuellement en Égypte, et dont les travaux de votre Assemblée formeront le digne couronnement. Interprètes des hautes idées de Son Altesse, dispensateurs de ses bienfaits, vous ne refuserez pas mon humble concours : on n'est jamais trop nombreux pour faire le bien.

Je vais donc, si vous le permettez, vous exposer l'objet de ma requête, à savoir comment j'entendrais la mission qui vous a été confiée, si j'avais eu l'honneur de faire partie de votre recommandable Assemblée.

Tout ce qui précède, je ne me le dissimule pas, ne ressemble guère à une pétition. Jusqu'à présent je n'ai rien fait que vous distribuer des éloges que je crois mérités.

Voici venir mes demandes :

Tout d'abord vous êtes appelés à sanctionner par un vote que je ne crains pas de qualifier de *national*, l'hérédité directe au pouvoir en Égypte pour les descendants de Son Altesse. C'est là une décision, qui surtout revêtue de votre haute ap-

---

(1) J'ai éprouvé il y a quelques jours un grand serrement de cœur, en voyant dans tous les journaux de bruyantes réclames relatives à je ne sais quelles obligations égyptiennes, preuve évidente que les titres se placent difficilement. O injustice humaine ! voilà un bienfaiteur qui, en moins de trente mois, a emprunté en Europe 382 millions, sans compter 200 millions environ, tant pour les travaux du Delta que pour le canal de Suez, l'achat des propriétés Halim, Mustapha, les bons du Trésor, etc., pour enrichir son peuple, et les capitaux égoïstes se refusent à affluer dans sa caisse La vertu n'est pas toujours récompensée !

probation, ne peut manquer d'exercer sur le pays les résultats les plus concluants — dans le bon sens, s'entend. Il y a longtemps que les vœux de vos concitoyens appelaient cette solution qui, pour n'être pas conforme aux préceptes du Koran, n'en aura pas moins cet immense effet d'assurer à l'Égypte un futur souverain, héritier des vertus de son père, robuste comme lui au physique, surtout au moral. Bon sang ne saurait mentir! Donc laissez parler les mécontents, et les malintentionnées. Si même vous le voulez, nous allons répondre ensemble aux objections que cette mesure radicale ne manquera pas de soulever dans le public.

Par exemple, on dira, — on a même dit déjà — que l'hérédité directe était contraire aux principes fondamentaux de la souveraineté Ottomane ; que le Sultan n'avait pas le droit d'accorder à son vassal une prérogative dont lui même ne peut jouir, tout Commandeur des croyants qu'il est. — Qu'importe tout cela ? ne sommes-nous pas dans un siècle de progrès, et doit-on s'inquiéter des errements du passé ? Puis, l'Europe n'a-t-elle pas répondu par un silence unanime au firman de Sa Hautesse, qui changeait l'ordre de succession au pachalick d'Égypte ? Or, vous connaissez le proverbe : « Qui ne dit mot consent. » Donc ce silence est péremptoire ; il est éloquent ; il répond pour nous. Ce qui n'enlève à nos arguments rien de leur valeur, ainsi que les comptes-rendus de votre honorable Assemblée ne manqueront pas de le démontrer.

Ainsi, il est un fait constant, — et les plus célèbres économistes, parmi lesquels Son Altesse Ismaïl-Pacha figure au premier rang, sont d'accord sur ce point, — c'est que la concentration de la fortune publique, territoriale surtout, dans un petit nombre de mains, est pour un pays une source de prospérité et de gloire : l'histoire moderne abonde en preuves de ce genre. Si, par une heureuse coïncidence, le Souverain compte au nombre de ces possesseurs, les choses n'en vont que mieux, car il se trouve à la fois le père de tous ses sujets et le propriétaire du plus grand nombre. Sentez-vous comme cette combinaison est féconde, et qu'elle se doit traduire en résultats satisfaisants ! Quel levier puissant pour le bonheur de tous ! Si, par hasard, un fils dénaturé méconnaissait la bonté du prince, il devrait se soumettre comme tenancier. L'ingratitude filiale prévenue par le contrat de location : n'est-ce pas là le chef-d'œuvre ? Son Altesse a donc dirigé tous ses efforts dans ce sens, efforts comblés de succès, puisqu'une grande partie du territoire (1/4 environ) est désormais en sa possession. Quant à la gloire, on ne saurait oublier que l'ancienne Égypte doit à ce système gouvernemental les impérissables monuments qui font l'admiration du monde entier. Le beau temps des Pyramides va recommencer, nous l'espérons tous.

Et l'on voudrait que cet édifice de prospérité courût le risque de s'écrouler ; que tant de richesses de toutes sortes, si péniblement accumulées, s'éparpillassent au hasard de la succession indirecte ; tout cela pour obéir à une coutume caduque ! Car sait-on si les parents du Pacha actuel, parents auxquels revient de droit la vice-royauté, le suivraient dans la route du progrès ?..... (Je m'arrête, ne voulant pas faire ici de personnalités blessantes.)

Non, Messieurs, vous ne laisserez point une porte ouverte aux éventualités, et en décrétant, au nom du peuple égyptien, l'hérédité directe dans la descendance d'Ismaïl-Pacha, vous donnerez la consécration nationale à une mesure que le prince n'a point hésité à prendre d'avance, tant il était sûr de l'unanimité de vos suffrages.

Mais surtout, vous approuverez les annexions domaniales et les emprunts contractés par Son Altesse ; car, vous ne l'ignorez pas, votre prince a dû, depuis qu'il est au pouvoir, s'annexer nombre de propriétés et emprunter beaucoup d'argent. Je crois avoir démontré plus haut l'utilité des annexions ; quant à l'argent, il en faut, vous le savez, pour les uns, pour les autres, et pour d'autres encore. Sans compter les embellissements, les travaux publics dont Elle a doté le pays, Son Altesse a dépensé de grosses sommes pendant son voyage à Constantinople ; l'expédition de Crète, où l'armée égyptienne se couvre quotidiennement de gloire, ne laisse pas que de peser lourdement sur le budget ; il y a encore les frais d'études, de travaux d'utilité générale, de publicité journalière, etc., etc., et tout cela coûte ! Je sais bien que vous avez la ressource de l'emprunt, et qu'une légère contribution ne saurait diminuer en rien la prospérité actuelle de vos concitoyens ; mais, en réalité, ce sont là de pauvres moyens, des palliatifs, comme on dit en médecine. Des remèdes énergiques sont nécessaires pour continuer l'œuvre si dignement commencée ; pour dire la chose brutalement, il faut de l'argent, ce levier universel !

Or, à bien examiner les ressources dont vous disposez maintenant, je n'en vois que deux réellement efficaces. Ne parlons pas des emprunts à l'étranger : on a un peu tiré sur cette corde-là depuis trois ans, et je crains qu'elle ne vous reste dans les mains un jour ou l'autre. Les plaisanteries éditées par des journaux sans vergogne ont si fatalement réussi, qu'on s'obstine en Europe, malgré l'évidence, à méconnaître la grandeur de votre mission ; et en dépit des banquiers intelligents, qui savent bien à quoi s'en tenir, il se pourrait que le public accueillît sans enthousiasme une nouvelle émission de titres égyptiens.

Restent donc les annexions et l'impôt à l'intérieur.

A ce propos, Messieurs, permettez-moi de vous dire que vous ne sauriez vous montrer trop énergiques : vous connaissez les besoins du pays, c'est à vous d'y pourvoir, car une grande responsabilité vous incombe.

Ainsi, dans l'état actuel, l'impôt n'existe pour ainsi dire point en Égypte. Le cultivateur, gras et prospère, croupit dans la mollesse, dans l'oisiveté. Est-ce justice qu'au prix d'une insignifiante redevance, les sujets puissent jouir des bienfaits d'une administration sans pareille, alors que le prince — trop désintéressé — en supporte seul les charges sur sa fortune personnelle ? Vous me direz que, nommés par vos concitoyens, vous vous préoccupez avant tout de leur bien-être.

Ce sont là des délicatesses exagérées. Craignez-vous de les appauvrir, parce que vous aurez ramassé les miettes de leur opulence?

Prenez-y garde, Messieurs, vos scrupules, en pareil cas, deviendraient des crimes de lèse-nation; car le peuple égyptien ignore les besoins de son Gouvernement, les sacrifices de son prince, sans quoi il n'y aurait pas un fellah qui ne vînt spontanément apporter au trésor de l'État son dernier sac d'écus. Mais ces besoins, ces sacrifices, le peuple n'en doit pas connaître les détails. Au surplus, il ne siérait point qu'un prince eût l'air de recevoir, alors que son droit est d'exiger. Donc votre devoir est d'asseoir l'impôt sur des bases régulières, énergiques surtout. Si Son Altesse, généreuse outre mesure, vous demande de voter la trop légère contribution de 150 francs par hectare de terre cultivée, allez de l'avant, et fixez la redevance à 500 francs. Et vos mandataires vous béniront doublement, car vous leur aurez fourni l'occasion d'être utiles au pays et de secouer en même temps la pesante torpeur du bien-être, la pire de toutes. A la prochaine session, je vous conseille même de doubler la somme.

Quant aux annexions domaniales, on dit que Son Altesse est sainement pénétrée de l'efficacité de cette mesure, et qu'elle a accepté — malgré les embarras qui en résultent pour elle — l'offre de différents villages qui se sont donnés d'euxmêmes, corps et biens. Mais c'est là encore une trop rare exception. Consultez les populations, et mon étonnement serait grand si, d'ici à quelques mois, de nouvelles donations spontanées ne venaient confirmer mes prévisions.

Messieurs, je termine cette lettre déjà trop longue. Mon intention était d'examiner avec vous différentes mesures prises récemment par l'administration, d'en étudier l'influence sur le bien-être public. Ce sera l'objet d'une prochaine lettre, que je m'occupe en ce moment de traduire en arabe. Car, bien que votre science profonde me soit parfaitement connue, je crois plus digne de m'adresser à vous en langue nationale. Aujourd'hui je me borne à vous prier de soumettre la présente pétition à l'une de vos commissions d'examen, afin d'établir et, s'il y a lieu, de décréter d'utilité publique les deux mesures que je propose, savoir :

1º L'augmentation de l'impôt en général dans de notables proportions ;

2º L'annexion des propriétés particulières, encore existantes, à la daïra de Son Altesse.

Veuillez agréer, Messieurs, avec mon regret de n'avoir pu mieux faire, l'assurance de ma considération la plus respectueuse.

Antoine LUCOVICH.

1er Janvier 1867.

Paris. — Typ. Gaittet, rue du Jardinet, 1.